AF359348

8° V
22484
GAL N°
Vie Consommateur
DE
GAZ 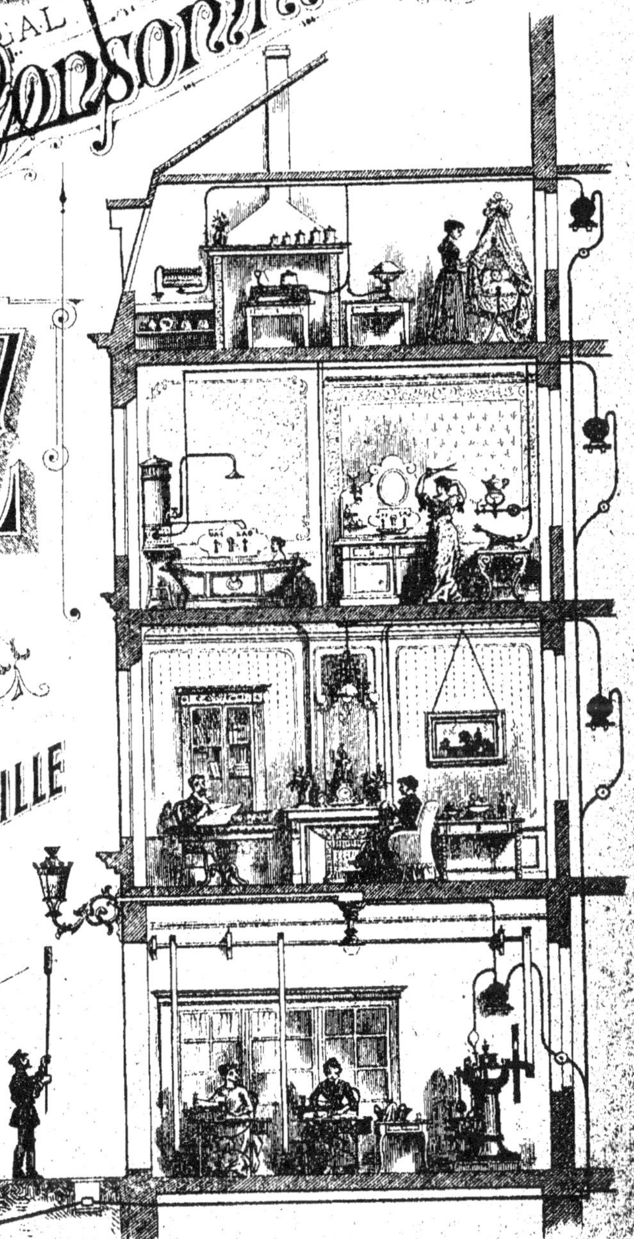
GAZ de MARSEILLE
1891

GUIDE

DU

CONSOMMATEUR DE GAZ

GAZ DE MARSEILLE

1891

MARSEILLE

TYPOGRAPHIE ET LITHOGRAPHIE BARLATIER ET BARTHELET

Rue Venture, 19.

—

1891

GUIDE

DU

CONSOMMATEUR DE GAZ

Le gaz de houille qui, pendant longtemps, n'a été connu du public que comme moyen d'éclairage, tend, depuis quelques années, à entrer de plus en plus dans les divers usages domestiques. Son emploi industriel augmente également chaque jour, et c'est à juste titre qu'on a pu dire qu'il est par excellence *le combustible de l'avenir*.

Toutes les personnes qui ont visité, à l'*Exposition Universelle de 1889*, le *Pavillon du Gaz*, ont pu voir réunies dans une maison moderne toutes ses applications et juger des avantages variés qu'il présente dans les conditions de la vie actuelle où l'on recherche, avant tout, l'économie du temps qui est celle de l'argent.

Le chauffage rapide des appartements ; la cuisine faite d'elle-même en permettant à la ménagère de vaquer aux autres occupations de la maison ; l'allumage instantané des appareils et la production immédiate de chaleur partout où l'on en a besoin : cabinet de toilette, salle de bain, repassage, etc., etc., — et tout cela, sans fumée, sans odeur, sans poussière de cendres ni de charbon se déposant sur les vêtements ou sur les meubles, rien que par la manœuvre de quelques robinets, — tous ces avantages, que le gaz seul procure, sont à rechercher surtout dans une ville où le temps est précieux pour tous, commerçants, ouvriers, ménagères ; et dans un climat qui, en hiver, demande une chaleur modérée, facile à régler suivant les variations brusques de la température, et qui, en été, rend les feux de charbon pour la cuisine si pénibles à supporter.

Pour retirer de l'emploi du gaz tout le profit qu'il peut donner, il faut pourtant que le consommateur sache s'en servir dans les conditions d'une bonne utilisation et avec des appareils appropriés. C'est faute d'être suffisamment renseignées que beaucoup de personnes n'emploient pas le gaz, ou encore qu'elles n'en tirent pas tout le parti qu'on doit en tirer, notamment au point de vue économique.

Il nous a donc paru utile de réunir, sous le titre de *Guide du Consommateur de Gaz*, les indications les plus utiles sur la marche à suivre pour s'abonner au gaz, sur ses diverses applications, et sur la manière de le consommer dans les meilleures conditions.

I

Abonnement au Gaz

Toute personne, désirant prendre le gaz, n'a qu'à prévenir, verbalement ou par écrit, la Cie (1) qui envoie immédiatement un agent chargé de lui fournir toutes les indications voulues sur les conditions d'abonnement et d'installation, ainsi que sur les appareils d'éclairage ou autres en usage.

L'Abonné fait connaître, parmi les systèmes d'installations économiques pratiqués par la Cie, celui qui lui convient le mieux (2) et choisit les appareils qu'il désire.

La police, exigée par les règlements municipaux, et celle relative au mode d'installation (les polices sont timbrées conformément à la loi et les frais de timbre partagés entre l'Abonné et la Cie) sont alors présentées à sa signature.

---

(1) Voir au verso de la couverture les adresses des divers bureaux et postes de la Cie où cette demande, verbale, ou mieux écrite, peut être adressée.

(2) Voir la brochure *Installations économiques d'éclairage, de cuisine et de chauffage* qui est distribuée gratuitement dans les divers bureaux et postes de la Cie.

Aux termes de la police d'abonnement, approuvée par l'Administration Municipale, le gaz doit être payé d'avance, et la consommation d'un bec, pendant un mois, étant évaluée à cinq francs, le client est tenu de verser cette somme de cinq francs par bec qui lui sera remboursée à l'expiration de ses engagements, sur présentation du reçu.

Les travaux d'installation sont commencés dès la signature de la police : toutefois, le client ne peut avoir le gaz qu'après l'essai officiel de l'installation par le service de l'inspection municipale. (Arrêté du 17 Mai 1858 sur la vente du gaz, Art. 15.)

Le délai nécessité par les travaux et les essais ci-dessus n'excède pas, en temps ordinaire, huit jours à partir de la signature de la police.

Ces formalités, peu compliquées, sont remplies par les agents de la Cie, *sans dérangement pour le client*.

Si celui-ci préfère s'installer en dehors des conditions économiques offertes par la Cie, en prenant des appareils de luxe, ou autres, à sa convenance, il doit s'adresser à un appareilleur qui fera également pour lui toutes les démarches nécessaires.

BRANCHEMENTS

Le branchement consiste en un tuyau partant de la canalisation de la rue et amenant le gaz dans l'immeuble occupé par l'Abonné en passant par un robinet de sûreté, dit coffret, qui ne peut être ouvert que par les employés de la Compagnie. (Arrêté du 17 Mai 1858, Art. 17.) *Il est interdit à l'Abonné d'y toucher.*

Le gaz arrive ensuite au compteur par un tuyau qui doit être de même calibre que celui de l'entrée du compteur.

Le branchement, le coffret et le plomb du coffret au compteur, sont fournis par la Cie et restent sa propriété. (Art. 29 et 30 de l'Arrêté.)

COLONNES MONTANTES .

Dans beaucoup de maisons, quand le gaz doit être introduit à plusieurs étages, au lieu de faire, pour chaque abonné, un branchement partant de la rue, la Cie installe, avec l'assentiment du propriétaire, qui s'engage pendant un délai déterminé à le maintenir en place, un seul tuyau vertical appelé Colonne Montante, sur lequel se branchent, à chaque étage, les canalisations particulières munies de leurs coffrets, destinées aux locataires qui y habitent.

Cette disposition est particulièrement avantageuse pour les propriétaires, puisqu'elle remplace plusieurs branchements avec leurs coffrets incrustés au bas de la façade.

COMPTEUR

Le compteur est un instrument qui mesure les quantités de gaz qui le traversent et les enregistre d'une façon continue au moyen d'aiguilles mises en mouvement par un mécanisme d'horlogerie et tournant sur des cadrans divisés en mètres cubes. Cet appareil, aussi ingénieux qu'exact, est depuis de longues années employé partout; et c'est là la meilleure réponse aux critiques sans fondement, émises parfois par des personnes ignorantes ou malveillantes sur la justesse de ses indications.

L'abonné est libre de choisir son compteur chez un fabricant de son choix ou de le prendre en location, moyennant une redevance stipulée dans la police.

Le compteur doit, avant tout, être vérifié au moyen d'appareils spéciaux et poinçonné par l'Administration Municipale. (Arrêté sur la vente du gaz, Art. 8.)

Ce poinçon est donc pour les clients la garantie que le compteur a été examiné par l'Autorité compétente et reconnu exact.

Au surplus, les consommateurs, comme la Cie, ont le droit, s'ils ont ultérieurement des doutes sur un compteur, de le faire vérifier à nouveau à la Mairie, moyennant une modique perception, variable suivant le nombre de becs.

Le compteur étant ainsi un instrument de mesure légal, contrôlé par l'Administration, on conçoit que toute tentative ayant pour but d'en modifier les indications à l'insu de la Cie, tombe sous le coup de la loi. (Art. 379-401 et 423 du Code pénal.)

Le compteur doit être placé aussi près que possible du coffret, dans un endroit sec, sur des consoles bien fixées au mur, afin d'éviter toute dénivellation.

Il importe de rappeler au consommateur qu'il doit :

Ne jamais toucher au compteur sous aucun prétexte, hors de la présence des agents de la Cie.

Ne jamais chercher à changer la position du compteur, ni à altérer le niveau d'eau intérieur.

Ne jamais chercher à obtenir du gaz sans qu'il passe par le compteur.

Ne jamais chercher à altérer les organes du compteur dans une intention frauduleuse ; la tentative n'eût-elle pas réussi, la loi punit l'intention comme le fait.

Ne jamais enlever le compteur pour le faire répa-

La Cie donne en location des compteurs de divers calibres à partir de 5 becs ; mais, il ne faut pas que la dépense de gaz excède celle pour laquelle l'appareil est construit ; l'abonné est sans droit de se plaindre de l'insuffisance de son éclairage, quand son compteur alimente un nombre de becs plus grand que celui qui est indiqué sur la plaque.

Si le compteur est exposé à l'air, il faudra prendre des précautions pour le préserver de la gelée dont la Cie ne garantit pas les effets, même pour ceux qu'elle place en location. (Arrêté sur la vente du gaz, Art. 10.) Bien que dans nos climats

---

rer, sans avoir prévenu la Cie, et sans qu'un de ses agents en ait constaté les indications.

Ne jamais le replacer sans les mêmes formalités.

Ne point briser le cachet de plomb fixé aux raccords d'arrivée et de sortie du compteur.

Ne pas dévisser les pattes qui fixent le compteur sur la planchette.

Ne jamais refuser aux agents de la Cie l'accès au compteur ; la Cie ayant, comme le consommateur, intérêt à ce que le compteur soit maintenu intact, a le droit de le faire visiter quand elle le juge convenable. Le compteur est, en effet, le seul témoin de la dette de l'abonné.

les gelées soient rares, une bonne précaution consiste à entourer, en hiver, les compteurs exposés au froid avec de vieux chiffons ou de la paille. En pareil cas, comme dans toute circonstance exceptionnelle où le compteur viendrait à se déranger, il convient de prévenir immédiatement les employés de la Cie qui feront le nécessaire.

La location du branchement et du compteur, ainsi que l'entretien du coffret, se perçoivent mensuellement suivant un tarif approuvé par l'Administration et qui a été récemment notablement réduit. Cette redevance mensuelle est de 1 franc pour les compteurs jusqu'à dix becs et comprend la location du branchement, son entretien, le graissage du coffret et la location du compteur.

INSTALLATIONS

L'installation proprement dite commence à partir du compteur qui doit être muni à sa sortie du robinet réglementaire à 3 voies, destiné à permettre l'essai officiel fait par les employés de la Mairie.

On ne saurait trop recommander aux abonnés

qui s'adressent à des appareilleurs de leur choix d'exiger que leur installation soit faite avec un soin qui, malheureusement, fait souvent défaut ; que les tuyaux soient d'un diamètre largement suffisant, sans aucune contre-pente ni diminution de section ; que les robinets soient bien graissés et les appareils bien établis.

Les tuyaux doivent être apparents dans tout leur développement ; si, par hasard, ils traversent des murs ou des vides où le gaz pourrait s'accumuler, ils seront enveloppés d'un tuyau métallique soudé sur toute sa longueur et ouvert aux deux extrémités. (Arrêté, Art. 21.)

Il est essentiel que les espaces fermés, étalages, petits cabinets, etc., dans lesquels on place le gaz, soient toujours parfaitement ventilés. (Arrêté, Art. 24.)

C'est une précaution qu'on ne saurait trop rappeler à tous ceux qui font exécuter des installations au gaz : architectes, entrepreneurs, etc., ainsi qu'aux consommateurs eux-mêmes. Nous reviendrons, du reste, plus loin sur l'importance de la ventilation dans les locaux éclairés et habités, et sur les avantages du gaz comme agent de ventilation.

II

Conditions d'un bon éclairage.

Pour obtenir un éclairage à la fois *satisfaisant* et *économique*, deux conditions, trop souvent négligées, bien qu'elles soient fort simples, sont :

1° *La bonne disposition des appareils*, qui ne doit point être laissée au hasard, mais examinée en raison de l'usage auquel ils doivent servir et qui variera, suivant qu'il s'agit d'éclairer l'ensemble d'un appartement ou un bureau, une table de travail, etc.

Une tendance générale consiste à placer les appareils trop loin des objets à éclairer. Parfois, au contraire, on rapproche la lumière et on l'atténue ensuite par des écrans, des cônes dits *garde-vue* très épais en verre dépoli ou en opale qui en absorbent une quantité notable, jusqu'à 50 %.

Dans les deux cas, l'œil se fatigue inutilement.

Pour concentrer une forte lumière sur un point

déterminé, il suffit d'un réflecteur convenable surmontant l'appareil (1).

2° Le choix des becs. Il en est du gaz comme de toute matière éclairante, comme de l'huile; ce n'est pas tout de la brûler; il faut la brûler dans des conditions convenables.

Que l'on prenne la meilleure huile et la meilleure lampe, si l'on règle mal la mèche, la hauteur du verre, si la lampe n'est pas entretenue en bon état, la lumière devient insuffisante ou la lampe fume. Est-ce la faute de lalampe ou de l'huile?

Avec le gaz, il faut choisir de bons becs. Tous peuvent servir, mais avec des différences essentielles dans la quantité de lumière qu'ils donnent.

(1) Un réflecteur en carton, blanc à l'intérieur, vert à l'extérieur, surmonté d'une cheminée à double enveloppe permettant à l'air de circuler, est le meilleur dispositif pour éclairer une table à écrire. Toute la lumière se concentre sur le papier. L'écrivain est complètement protégé contre la vue de la flamme et contre la chaleur. *(Voir la figure ci-contre)*.

Un simple exemple fera voir l'importance capitale du choix des becs.

BEC PAPILLON

Les plus communément employés sont les becs à flamme libre (papillon, Manchester) et les becs à cheminée (becs à jets ou à flammes circulaires, Bengel, Argant). Avec les premiers, pour cent litres de gaz on obtient une lumière équivalente à celle de 5 ou 6 bougies. Avec les seconds, pour cent litres la lumière est de 8 à 9 bougies ; soit une différence voisine du simple au double.

En outre, avec les becs à jets, plus d'oscillations qui fatiguent la vue. La lumière est absolument fixe. Il faut éviter seulement de placer ces becs dans des endroits où il y a trop de courants d'air et pour lesquels l'emploi des becs à flamme libre (papillon, Manchester) est indiqué.

BEC A JET

Les becs papillons doivent être toujours en stéatite — jamais en fonte — à fente large. Il est reconnu que, pour une même dépense de gaz, les becs à fente large donnent plus de lumière que les becs à fente mince.

On reproche parfois aux becs à jets la casse du verre. Cet inconvénient peut être complètement supprimé en employant : 1° des cheminées en verre aussi mince que possible, bien que ce soit contraire à l'opinion répandue ; 2° des régulateurs dont il sera parlé plus loin.

Les globes, destinés à diffuser la lumière, doivent être en opale très mince, ou encore en verre dépoli. Ces derniers sont peut-être plus élégants et d'un aspect plus flatteur que les globes en opale ; mais ils se ternissent facilement et sont difficiles à nettoyer.

Il convient, en tout cas, d'éviter autant que possible les globes et de se servir de réflecteurs en opale, en carton ou en verre.

RÉGULATEURS

En même temps que, par un choix judicieux des becs, l'abonné s'assure un bon éclairage, il doit veiller aussi à faire des économies. Il faut, pour cela, qu'il puisse se rendre compte de la quantité de gaz qu'il doit normalement dépenser et que cette quantité ne varie pas, malgré les variations de pression qui se produisent à certaines heures dans la canalisation de la rue, ou qui résultent de l'extinction d'une partie des becs de son installation.

Ce résultat est obtenu au moyen de petits appareils dits Rhéomètres (ou plus communément Régulateurs), qui sont vissés sur le bec, après avoir été réglés une fois pour toutes pour un débit déterminé.

Les avantages de ce système sont :

Possibilité pour l'abonné de régler d'avance, à son gré, sa consommation, et d'éviter ainsi tout gaspillage.

Plus de robinet à ouvrir et à fermer. Plus de nécessité de surveiller les flammes, dont la hauteur demeure invariable, quel que soit le nombre de becs en service, quelle que soit la pression.

Plus de bec qui file et dépose de la fumée.

Plus de casse de verre.

Les régulateurs de becs sont de deux systèmes : secs et humides. Les premiers sont meilleur marché, mais plus sensibles à l'action de la poussière. Quand ils s'arrêtent, il suffit de leur donner avec l'ongle une légère secousse, exactement comme on le fait sur un baromètre pour dégager l'aiguille. Les seconds coûtent un peu plus cher, mais ne se dérangent presque jamais, si on évite d'y toucher.

La Cie fournit au prix de revient ces appareils, complément nécessaire d'une bonne installation avec laquelle on aura un éclairage brillant, régulier et économique. En cela, son intérêt est d'accord avec celui de l'abonné ; car, en satisfaisant celui-ci, elle s'épargne maintes réclamations dont la plupart proviennent de l'emploi de becs défectueux et surtout des becs dits économiques pour lesquels les consommateurs sont souvent sollicités.

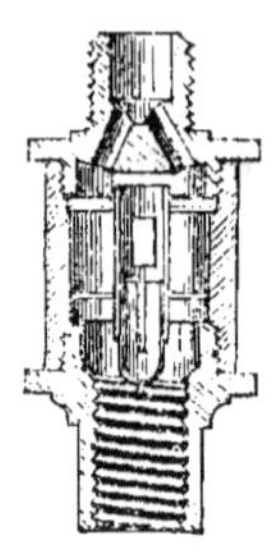

Rhéomètre sec

On a imaginé nombre de systèmes de *ces becs prétendus économiques :* Tous présentent les mêmes défauts :

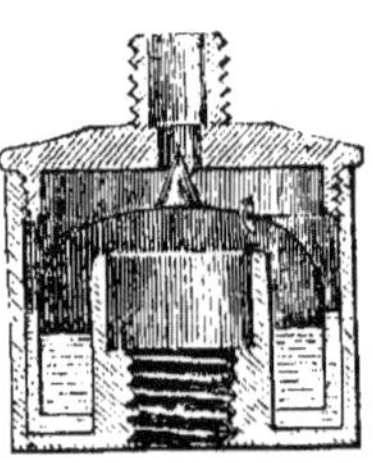

Rhéomètre Humide

1° D'avoir un débit variable avec la pression ;

2° De ne produire l'économie qu'au détriment de la lumière ;

3° D'exiger beaucoup de pression ;

4° De s'obstruer facilement ;

5° De coûter fort cher ; car ils sont généralement placés chez l'abonné, moyennant une redevance annuelle bien supérieure au prix d'achat d'un simple régulateur.

RÉGULATEUR GÉNÉRAL

Pour de grandes installations, à la condition qu'elles aient été bien faites et qu'on n'emploie le gaz que pour l'éclairage, on a intérêt à placer immédiatement après le compteur un régulateur général qui a pour fonction de maintenir absolument constante la pression du gaz dans tous les points de l'installation, quelle que soit la pression dans la conduite de la rue.

BECS INTENSIFS

BECS DE GAZ A INCANDESCENCE

Nous n'avons parlé que des becs ordinaires les plus connus : les becs à flamme libre (papillon, Manchester) et les becs à jets à cheminée (Argant, Bengel) avec lesquels on obtient l'unité de lumière, adoptée en France, et désignée sous le nom de carcel, pour une consommation horaire maximum de 105 litres.

L'application, faite en 1879 par Frédéric Siemens du principe de la récupération de la chaleur à la construction des lampes, a amené dans l'éclairage au gaz une véritable révolution.

On produit, aujourd'hui, des foyers de toute dimension, depuis 2 et 3 jusqu'à 15, 20 et même 50 carcels, qui permettent d'obtenir l'unité de lumière avec une dépense réduite à *55 ou 60 litres de gaz* pour les appareils de faible intensité, *à 45 ou 50 litres* pour les appareils d'intensité moyenne et même à *30 ou 35 litres* pour les appareils de grande intensité. Toutes ces lampes, dites *intensives*, très nombreuses à présent (types Wenham, Siemens, où la flamme est horizontale et éclaire de haut en bas, — types Schulke, où elle est formée par plusieurs papillons verticaux), répondent

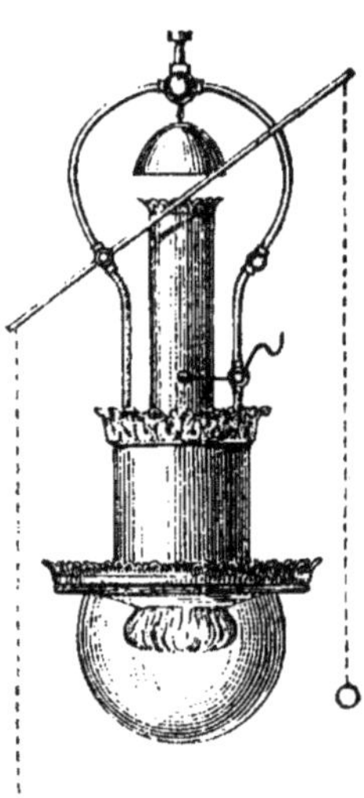

LAMPE SIEMENS

à tous les besoins d'un éclairage puissant dans les appartements, bureaux, magasins, cafés et dans les grandes salles.

Sur les voies publiques, les gros foyers rivalisent avantageusement avec les arcs électriques dont la lumière, concentrée en un point, exige des globes dépolis qui en absorbent parfois près de la moitié.

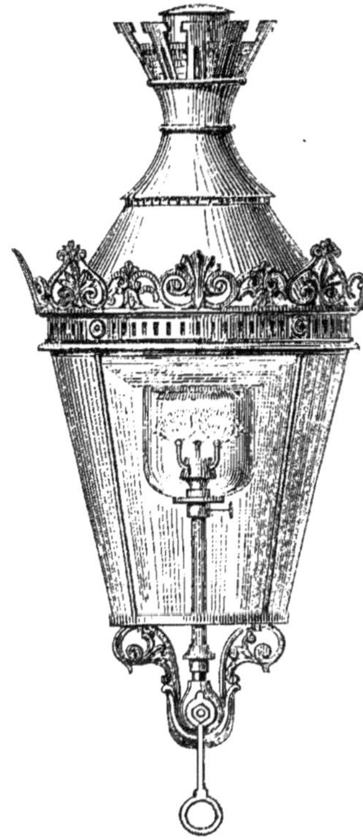

LAMPE SCHULKE

Des modèles de tous ces types figurent dans les magasins de la Cⁱᵉ où il sera fourni toutes les explications voulues sur leur emploi.

Enfin, l'électricité, en mettant à la mode l'incandescence, a donné l'idée d'utiliser les propriétés calorifiques du gaz pour porter à de très hautes températures certaines matières réfractaires et obtenir, avec une consommation réduite de gaz, une lumière blanche d'une fixité absolue. C'est d'après ce principe que sont construites les lampes

Clamond, Auer, etc., dont l'éclat est tout à fait comparable à celui de l'incandescence électrique. Le bec Auer présente encore l'avantage de dégager très peu de chaleur.

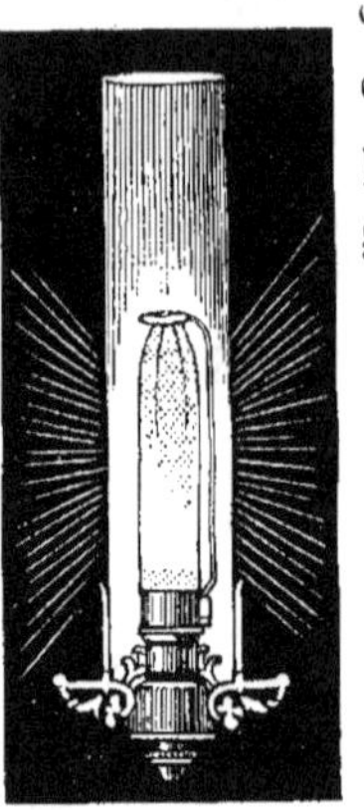

BEC AUER

TENTURE DES APPARTEMENTS

Le choix de la tapisserie et des tentures a une grande importance au point de vue de la consommation du gaz.

Pour les appartements ou magasins, choisir de préférence les nuances très claires.

Pour les ateliers, blanchir les murs à la chaux et renouveler souvent cette opération. Les économies d'éclairage compenseront et au-delà les frais.

Ne pas oublier, surtout, que les glaces rendent moins de lumière qu'une tapisserie très claire.

III

Usages domestiques du Gaz.

CHAUFFAGE DES APPARTEMENTS

L'emploi du gaz présente certains avantages communs au chauffage des appartements et à la cuisine.

Il suffit de les énumérer pour en faire voir l'importance.

Plus de combustibles, charbon ou bois, à emmagasiner et à monter aux divers étages.

Donc, plus de poussière se déposant dans les escaliers, dans les appartements, sur les devants de cheminées, etc.

Plus de copeaux, de bois gras, de papier.

Plus de fumée ni odeurs désagréables, si la cheminée ne tire pas, cas fréquent en toute saison, et surtout quand le mistral ou le vent d'Est souffle et force à ouvrir la fenêtre.

Plus de pincettes, de pelles, de tisonniers.

Plus de cendres à enlever.

Un simple robinet à manœuvrer pour allumer ou éteindre la flamme, ou la modérer.

Chauffage instantané, réglable à volonté; avantage appréciable à Marseille plus que partout ailleurs, où il n'est pas nécessaire, comme dans le Nord, de laisser les poêles allumés tout l'hiver.

. En résumé : *ordre, propreté partout, contrôle parfait de la chaleur, économie considérable du temps de la ménagère et des domestiques; donc, économie d'argent.*

Aussi, le chauffage au gaz est-il de plus en plus employé à Marseille. Il pénètre principalement là où il faut obtenir une chaleur rapide et non continue : salons, salles à manger, cabinets de médecins, de notaires, d'avoués, d'avocats, cabinets de toilette, etc., etc.

Il existe nombre de modèles d'appareils à gaz qui fonctionnent tous les jours sous les yeux du public dans les magasins d'exposition de la Compagnie : cheminées à *réflecteur*, à *amiante*, cheminées dites *corail* ou à *boules*, donnant une flamme aussi intense qu'agréable à l'œil et pouvant s'adapter aux intérieurs les plus luxueux comme les plus modestes (1).

(1) Voir en particulier, dans le magasin de la rue de Rome, 58, une cheminée *corail* avec garniture en cuivre et plaques en faïence peintes d'un aspect très-décoratif.

CHAUFFAGE AU GAZ.

D'une façon générale, il ne faut pas oublier que tous les appareils de chauffage doivent être munis d'un tuyau d'échappement évacuant au dehors les produits de la combustion. La Compagnie fournit cependant, pour les cas exceptionnels où il est impossible d'adapter ces tuyaux de dégagement, des poëles à gaz qui fonctionnent très bien dans des pièces où il est impossible d'adapter des cheminées (poëles paraboliques, poëles à condensation).

L'emploi du gaz rend encore les plus grands services pour le repassage, la lessive. Dans les cabinets de toilette et les cuisines le brûleur « *rapide* » donne de l'eau chaude aussitôt que le gaz est allumé.

Enfin, une des applications les plus répandues du gaz est celle qui en a été faite pour le chauffage des bains et pour les douches, et qui permet, en quelques minutes, de préparer soi-même son bain et d'avoir avec le même robinet de l'eau chaude ou froide à volonté.

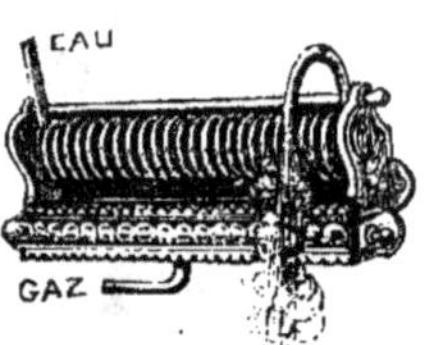

Brûleur *Rapide*

Il n'est presque pas d'industrie dont le gaz ne soit pas un auxiliaire des plus utiles et pour laquelle il n'ait pas été créé d'appareils spéciaux : réchauds pour confiseurs, chapeliers, coiffeurs ;

TOILETTE ET BAIN AU GAZ.

fers à souder pour plombiers et ferblantiers ;
grilles à analyses, brûleurs de toute espèce,
étuves pour chimistes ; fourneaux à fondre pour
bijoutiers ; appareils pour griller les tissus, etc.

CUISINE

—

Les commodités que nous avons énumérées
pour le chauffage au gaz sont encore plus mar-
quées pour la cuisine.

Nous n'insisterons pas sur l'avantage considérable de n'avoir dans une cuisine, ni poussière,
ni fumée, ni suie, salissant les casseroles ou les
ustensiles, ni allumage à faire avec bois gras, etc.

Mais le gaz a un autre avantage qui lui est
propre : il permet de régler exactement la chaleur au degré voulu pour les diverses opérations
culinaires, de mesurer le temps et la dépense
qu'elles exigent et ainsi de les conduire avec une
précision et une méthode en quelque sorte scien-
tifiques.

Pour le pot au feu, qui demande un feu modéré,
mais continu et égal, le robinet une fois réglé,
la cuisinière peut vaquer à d'autres soins du mé-

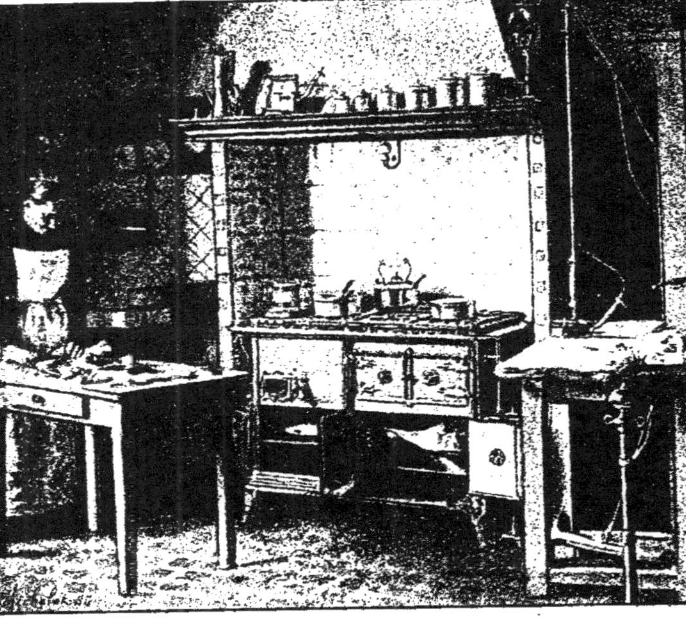

CUISINE AU GAZ. — REPASSAGE.

ménage ; la flamme se maintiendra constante ; l'opération se continuera d'elle-même.

Pour les rôtis, on obtient sans tâtonnement, avec une durée et une consommation déterminées, le degré de cuisson désiré, en conservant à la viande toutes ses qualités.

Prenons un gigot, par exemple ; on allumera le gaz pour chauffer la rôtissoire, quelques minutes avant d'y mettre le rôti. Celui-ci placé, on laisse brûler le gaz assez fort pendant un quart d'heure pour saisir la viande ; on baisse ensuite la flamme de moitié pour terminer la cuisson.

On obtient ainsi trois résultats : la viande, étant saisie vivement, est de plus belle apparence. L'albumine des couches extérieures étant immédiatement solidifiée, enveloppe les autres jus qui restent à l'intérieur ; la viande conserve ainsi sans altération ses principes naturels et digestifs. Enfin, point capital, elle perd *vingt-cinq pour cent de son poids en moins que si elle était cuite au charbon* (1).

Les appareils à gaz pour le grillage suppriment

(1) *La Cuisine au Gaz*, par Mme Alting Mees. Tous ces avantages sont parfaitement décrits dans cette brochure. Mme Alting Mees est une conférencière très appréciée en Angleterre, diplômée de l'École Culinaire de Londres, et qui a fait dans diverses villes de France et de Belgique des conférences sur la cuisine au gaz.

On sait qu'il existe chez nos voisins des écoles culinaires

aussi complètement l'insupportable odeur et la fumée âcre qui remplissent les appartements et ceux des voisins, quand on grille des côtelettes ou du poisson, et qui proviennent de la décomposition par la chaleur des graisses ou du jus de viande tombant, avec les grilloirs ordinaires, dans le feu ou dans la lèchefrite placés en dessous. Dans les grilloirs à gaz rien de semblable à craindre, puisque la flamme est au-dessus de l'objet à cuire.

Quant au poisson, on sait qu'avec les grils ordinaires la peau s'attache et se présente, lorsqu'on le sert, déchirée ou portant l'empreinte du fer. Cet inconvénient disparaît encore avec le gaz.

L'usage du gaz pour la cuisine est tellement répandu aujourd'hui partout qu'il paraît superflu de répondre à un préjugé qui arrête le plus grand nombre de ménagères « c'est, dit-on, que la cuisine a le goût de gaz. »

Aux personnes qui n'ont jamais goûté la cuisine

(The national Training School of Cookery, à South Kensington, et dans Buckingham Palace Road) très suivies des jeunes anglaises de toute classe, dont l'éducation comprend des notions culinaires très avancées. La brochure de Mme Alting Mees se trouve dans nos magasins.

A recommander aussi, au point de vue de la cuisine au gaz, *Le Chauffage par le Gaz*, de M. Germinet ; et, pour les maîtresses de maison sachant l'anglais : *The Art of Cooking by gas*, by Marie-Jenny Sugg (Cassell & Company, Londres-Paris).

au gaz et qui y sont réfractaires, en vertu de cette idée préconçue, il suffit de répondre : « Essayez. » Cet essai est bien simple à faire dans les conditions économiques consenties par la Compagnie. (Voir *Prospectus sur les Installations.*)

Ces appareils sont, en effet, d'une extrême simplicité. Avec un fourneau à trois trous portant gril, rô-

tissoire, four, on peut faire un dîner complet de trois ou quatre plats, avec pâtisserie et avoir, en outre, de l'eau chaude. Le tout se met, avec un simple tuyau de caoutchouc, sur le potager, dans les cuisines spacieuses comme dans celles du plus modeste ménage, et tient aussi peu de place que possible.

La cuisson faite, on ferme le robinet et l'on supprime instantanément toute dépense, et aussi toute chaleur ; ce qui, principalement en été, est un avantage inappréciable sur lequel il est inutile d'insister. Que de cuisines qui, en été, sont de véritables lieux de supplice, deviendraient habitables et saines par l'emploi d'une cuisinière au gaz !

L'usage des poêles au charbon avec leur allumage et réallumage, représente une telle somme de travail secondaire, non seulement pénible mais encore désagréable, que leur maintien empêche bien des ménages bourgeois de se passer d'une servante. Il est à remarquer que, plus l'emploi du gaz est généralisé dans un ménage, plus on devient indépendant de ses domestiques; que de mères de famille, par l'adoption de la cuisine au gaz, deviendraient maîtresses de maison ! (Mme Alting Mees, *La Cuisine au Gaz*.)

Enfin, en ce qui concerne l'économie absolue résultant de la cuisine au gaz, laissant de côté les avantages qu'elle procure comme économie de temps, comme propreté, comme moindre déperdition du poids des viandes, etc., nous ne pouvons faire mieux que de citer le passage suivant d'une brochure de M. WYBAUW, *ingénieur de la ville de Bruxelles*, qui a étudié, d'une façon toute spéciale, les divers emplois du gaz :

« La question, en termes généraux, est celle-ci : A quel prix faut-il pouvoir acheter le gaz pour que la cuisine au gaz ne coûte pas plus cher que celle au charbon ? Voici, pour répondre à cette question, des résultats d'expériences faites sous notre surveillance et dont nous pouvons garantir l'exactitude :

« Dans un petit ménage d'employés, composé

du père, de la mère et de trois enfants, nous avons fait tenir note exacte des dépenses faites en combustible pendant six semaines du mois de juin et de juillet. Pendant la première semaine, toute la cuisine a été faite au gaz ; la semaine suivante, elle a été faite au charbon. Pendant cette seconde semaine, les repas préparés chauds ont été exactement en même nombre et de même composition que ceux de la première semaine ; la même prescription a été scrupuleusement observée pendant les deux quinzaines suivantes. La dépense par semaine a été de : $4^{m3},200$ de gaz, pour la cuisine au gaz et de

36 kilos de charbon . . . .
15 fagotins de bois . . . .
15 fagotins de copeaux . . . . .

pour la cuisine au charbon.

« Connaissant, d'après ces expériences, les quantités de combustible de chaque espèce nécessaires pour un même travail, il est facile de calculer le coût du chauffage dans les deux cas, suivant les prix de gaz, du charbon, etc. C'est ordinairement le charbon tout venant que l'on emploie dans les cuisines ; son prix varie de 25 à 35 francs les 1.000 kilog., rendus en cave.

« Admettons le prix moyen de fr. 30.

« La dépense, en bois et en copeaux, est loin

d'être négligeable ; dans certains ménages, on sait se procurer à bon compte ce qu'il faut pour allumer les feux, mais encore cela coûte-t-il. Beaucoup sont obligés de payer 2 centimes le fagotin de bois et 1 centime les copeaux. On trouve, dans ce cas, pour la cuisine au charbon :

36 kil. de charbon à fr. 30 les 1000 kil. F. 1 08
15 fagotins de bois à fr. 0 02........   0 30
15   »   de copeaux à fr. 0 01.....   0 15

Total....... F. 1 53

« Cette dépense de fr. 1.53 correspond exactement à une consommation de gaz de $4^{m3}200$ à 37 centimes le mètre cube ; *donc, au-dessous de 37 centimes le mètre cube, il y a économie à se servir du gaz pour la cuisine, et l'économie est d'autant plus grande que le prix de vente du gaz s'éloigne davantage de cette limite de 37 centimes.* »

Remarquons que cette économie est encore plus grande si, au lieu de charbon de terre à *fr. 30,* on consomme, comme à Marseille, du charbon de bois, qui coûte trois ou quatre fois davantage.

IV

Ventilation.

—

Nous avons dit que les locaux éclairés par le gaz doivent être munis d'ouvertures pour la ventilation ; mais, le gaz lui-même, par l'échauffement de l'air qu'il produit, est le meilleur agent pour effectuer cette ventilation, absolument nécessaire dès que plusieurs personnes sont réunies (1), et surtout dans les théâtres et dans les cafés où la fumée s'accumule et demeure stationnaire avec les systèmes d'éclairage qui, comme l'électricité, ne produisent aucun mouvement de l'air.

(1) Des expériences, aujourd'hui bien connues, (Communications faites à l'Académie des Sciences, en 1887-1888-1889) ont démontré les effets toxiques de l'air expiré dans une enceinte fermée, effets résultant, non de l'acide carbonique produit par la combustion humaine ou par celles des matières servant à l'éclairage, gaz ou huile, mais d'un véritable poison pulmonaire.

Le gaz atténue ainsi, de lui-même, l'inconvénient qu'on se plait à lui attribuer, de vicier l'atmosphère. Cet inconvénient disparaît même complètement, grâce aux dispositifs nouveaux dans lesquels les lampes intensives : Siemens, Wenham ou Schulke, installées au plafond, au centre d'un cône d'appel d'air, suivi d'une gaine débouchant à l'extérieur, provoquent une énergique ventilation, en même temps qu'elles assurent un éclairage des plus brillants.

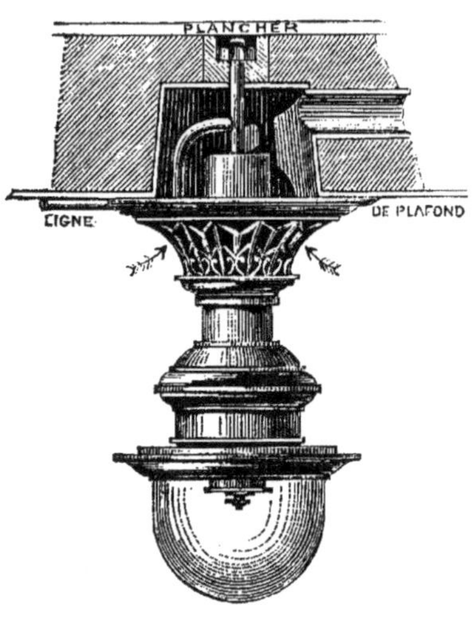

LAMPE WENHAM EN VENTILATION

V

Force motrice.

L'application du gaz à la force motrice est une de celles où l'on trouve le plus l'avantage si précieux du gaz, lorsqu'il s'agit d'usages intermittents, de pouvoir limiter strictement la dépense à la durée même de l'opération.

Le moteur à gaz, mis en marche instantanément, se passe de surveillance et cesse de consommer dès qu'on n'a plus besoin de lui, alors que le moteur à vapeur exige un allumage, une mise en pression, une alimentation régulière et continue du foyer, et, le travail fini, laisse perdre toujours une partie du combustible et de la chaleur. Il en existe de nombreux types : Otto, Kœrting, etc., etc., et de toute force, depuis 1/4 de cheval jusqu'à 50 et 100 chevaux, avec une dépense de gaz toujours inférieure à un mètre cube par cheval et par heure, s'abaissant bien au-dessous pour les grandes dimensions. Le moteur à gaz présente, pour la petite industrie, l'avantage de n'être soumis à aucune déclaration ni autorisation préalables ; de n'exiger ni fondation, ni aménagements spéciaux, et de n'offrir aucune chance d'explosion.

FORCE MOTRICE AU GAZ.

VI

CONSEILS GÉNÉRAUX

ALLUMAGE

On doit ouvrir le compteur doucement et le fermer de même.

Dans les becs à cheminée en verre, non munis de régulateurs, il arrive souvent que la flamme reste au haut du tube, sans que le bec s'allume. On évite cet inconvénient en présentant la flamme d'abord et ouvrant ensuite le robinet du bec.

Pour allumer les becs, on peut se servir d'une allumette, d'un morceau de papier, d'un allumoir à esprit de vin, d'une bougie en cire, dite « Rat de Cave » ou d'un allumoir électrique. On évitera de se servir d'allumettes qui, jetées par terre, peuvent mettre le feu dans les magasins et les caves où il y a de la paille ou des caisses d'emballage.

Le morceau de papier comme allumoir doit

être employé uniquement pour la cuisine. Partout ailleurs, il a les mêmes inconvénients que l'allumette, surtout pour les becs à verre qui se remplissent de papier carbonisé, ce qui les faitfiler.

L'allumoir à esprit de vin est préférable aux précédents, à la condition expresse qu'il soit très-bien entretenu, ce qui arrive rarement ; sinon, il s'éteindra ou laissera tomber des gouttes enflammées. En tout cas, on ne doit jamais, par mesure d'économie, remplacer l'esprit de vin par l'essence de pétrole ; car on s'expose ainsi à des accidents très graves.

ALLUMOIR ÉLECTRIQUE

L'allumoir électrique, représenté ci-contre, coûte plus cher que les précédents, mais est autrement recommandable. Il a l'avantage d'être sans pile, c'est-à-dire de n'exiger aucun entretien.

Il supprime tout danger ; car, l'étincelle est tellement protégée qu'elle ne peut mettre le feu qu'à un corps gazeux.

Avec cet appareil, plus de gouttes de feu répandues, plus de morceaux de papier enflammés traînant par terre, plus de crainte de voir s'enflammer les tissus qui peuvent voltiger sur l'allumoir. Donc sécurité complète.

LOCAUX SOMBRES

L'emploi des becs-veilleuses est tout indiqué pour les locaux sombres, où l'on ne doit pénétrer qu'accidentellement. C'est un bec papillon flanqué d'une petite veilleuse qui brûle constamment avec une dépense insignifiante de gaz. Cette veilleuse est renfermée dans un petit globe en opale qui la protége contre les courants d'air et répand assez de clarté pour qu'on se guide vers le bec. Il suffit de tourner le robinet pour que le bec papillon s'allume. Ce bec, placé à l'entrée des appartements, remplace avantageusement les allumettes; aussi, son usage tend-il à se généraliser.

EXTINCTION

—

Beaucoup d'abonnés éteignent les becs en fermant le robinet du compteur. Ils ferment, ensuite, ou même ne ferment pas, les robinets de chaque appareil. Ce procédé, trop répandu, est blâmable à tous les points de vue :

1° Il est peu commode d'aller fermer ensuite chaque bec en s'éclairant avec une bougie.

2° On remplit la canalisation d'air, ce qui provoque du retard à l'allumage pour le lendemain.

3° On s'expose à oublier un ou plusieurs becs dans un local qui se remplira de gaz le lendemain dès qu'on ouvrira le compteur. D'où perte de gaz et chance d'explosion.

Donc, en règle absolue, éteindre chaque bec séparément, et ne fermer le compteur que lorsque tout est éteint.

ENTRETIEN — FUITES

La crainte d'une explosion détourne bon nombre de personnes de l'emploi du gaz. C'est une crainte mal fondée ; les accidents ne sont nullement à craindre, pour peu que l'on suive les simples recommandations données.

En effet, pour qu'il y ait explosion par le gaz, il faut trois conditions :

1° Une fuite qui laisse échapper le gaz;

2° Un endroit où le gaz puisse s'accumuler et arriver à former avec l'air un mélange de proportions déterminées.

3° Du feu qui vienne déterminer l'explosion.

Or, ces trois conditions ne se produiront pas et surtout ne se produiront pas simultanément, si l'on veut bien se conformer aux quelques indications qui suivent.

Quand on sent, ou même qu'on croit sentir une odeur de gaz, odeur bien connue, qui se manifeste à la moindre fuite (1), on doit immédiatement ouvrir portes et fenêtres pour établir un fort courant d'air; puis, voir si l'odeur ne vient pas de robinets laissés ouverts, ce qui arrive fréquemment. Dans ce cas, on les ferme, et on laisse portes et fenêtres ouvertes jusqu'à ce que toute odeur ait disparu.

Il est inutile d'ajouter que, pendant cette recherche, on ne doit avoir aucune lumière, pas même le cigare allumé.

Seuls, les employés, chargés de trouver les

____

(1) Les Anglais disent que le gaz, comme le serpent à sonnettes, s'il est dangereux, porte avec lui ce qui révèle sa présence.

fuites, se servent de lampes de sûreté et encore le font-ils avec beaucoup de prudence.

Si l'odeur persiste, il faut en prévenir la Compagnie et l'appareilleur, et bien se garder de chercher la fuite soi-même, surtout avec du feu. C'est là, en effet, une funeste habitude qui entraîne certainement des accidents, et dont les consommateurs ne peuvent se défaire, malgré la prescription formelle de l'arrêté municipal du 17 mai 1858, art. 25 ainsi conçu : « Il est défendu de rechercher les fuites par le flambage. »

L'article 34 du même arrêté dit encore : « Les consommateurs seront formellement responsables, sauf leur recours contre qui il appartiendra, des dispositions du présent arrêté concernant les appareils intérieurs. »

Par conséquent, non seulement les consommateurs ne doivent pas rechercher les fuites par le flambage ; mais, ils doivent s'opposer absolument à ce que ce flambage soit pratiqué chez eux, même par un appareilleur.

Les abonnés ont, du reste, à leur disposition plusieurs moyens très simples de constater s'il y a des fuites dans leur installation.

PREMIER PROCÉDÉ

Placer un manomètre (un petit tube en U

plein d'eau) sur un bec de l'installation ; ouvrir le compteur et fermer tous les becs. Le manomètre indique une certaine pression qui doit se maintenir, quand on ferme le robinet du compteur. Si la pression ne se maintient pas, c'est qu'il y a fuite. Ce procédé est très sensible, mais ne permet pas, toutefois, d'évaluer l'importance de la fuite.

DEUXIÈME PROCÉDÉ

Fermer tous les becs de l'installation ; ouvrir en grand le robinet du compteur et du coffret et regarder au-dessus du cadran du compteur la

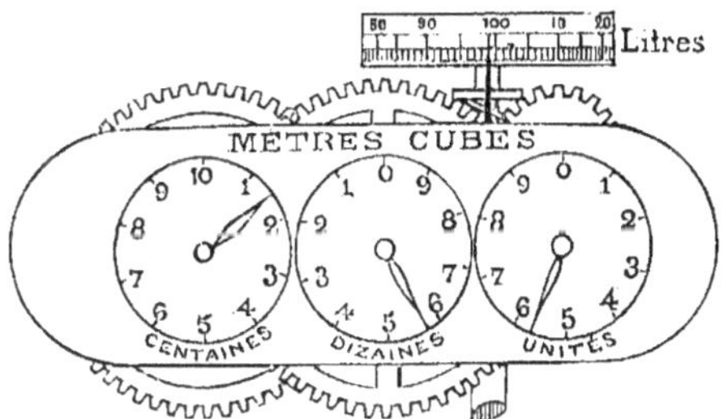

petite roue des litres. Cette petite roue est appelée : « Cherche fuite. » Elle porte des divisions qui représentent chacune un litre pour les compteurs de petit calibre et 25 ou 50 litres pour les compteurs de gros calibre. (*Voir la figure ci-dessus*).

Si la canalisation est étanche, cette roue doit rester immobile ; ce qu'on peut constater à l'aide d'un petit index fixe placé devant.

Si elle tourne, c'est qu'il passe du gaz qui ne peut s'échapper que par des fuites, puisque tous les robinets sont fermés. Dans ce cas, on note avec soin la division de la roue qui se trouve devant l'index et, après un certain temps, cinq minutes, par exemple, on regarde de combien de divisions la roue s'est déplacée. On peut, donc, calculer immédiatement la dépense par heure occasionnée par la fuite.

Les deux procédés indiqués sont les plus simples et les plus à portée des consommateurs. Une fois la fuite constatée, on fait venir l'appareilleur qui doit, avant tout, la constater aussi et peut, ensuite, la trouver très facilement sans la rechercher avec le feu, ce qui lui est absolument interdit.

On ne devra se déclarer satisfait que lorsque la roue « cherche-fuite » restera immobile. Il est bon dans les installations d'une certaine importance de faire tous les huit jours cette vérification soi-même ou de la confier à un employé sûr. Mais, il est encore préférable de vérifier, tous les jours, au compteur, la dépense faite dans les vingt-quatre heures. Cette mesure, que nous serions heureux de voir adoptée par tous nos abonnés, sans exception, permet de constater immédiatement les consommations anormales provenant soit de gaspillage, soit de fuites et, par conséquent, d'y porter promptement remède. Nous avons de nombreux exemples de consommateurs de gaz qui, après avoir laissé, pendant quinze jours et plus, leur rampe d'illumination ouverte (à leur insu bien entendu), constatent des consommations invraisemblables.

Avec la précaution de lecture au compteur toutes les vingt-quatre heures que nous recommandons aux forts consommateurs, ces faits ne se produiraient pas ou, du moins, la dépense inutile cesserait immédiatement.

SOINS A DONNER

AUX APPAREILS DE CHAUFFAGE ET DE CUISINE

Les quelques indications suivantes sont, croyons-nous, très utiles à connaître pour les consommateurs de gaz.

Réchauds a mélange d'air. — Généralement, les réchauds, fourneaux, etc., ont des brûleurs dits

« à mélange d'air » qui donnent une flamme bleue non éclairante.

Pour allumer le réchaud, il faut présenter l'allumoir avant d'ouvrir le robinet du gaz. Si, par suite d'une fausse manœuvre, on obtient une flamme blanche fuligineuse, il faut éteindre immédiatement et recommencer jusqu'à ce qu'on obtienne une flamme bleue claire sans aucune fumée. La flamme blanche se produit quelquefois spontanément, quand on a beaucoup réduit la consommation de gaz du fourneau et qu'un courant d'air vient à frapper le brûleur. La production de la flamme blanche présente plusieurs inconvénients ; elle chauffe moins que la flamme bleue ; elle dépose de la suie sur les casseroles et dans les becs ; elle donne de l'odeur, ce que ne fait pas la flamme bleue.

Rôtissoires. — Ces appareils sont constitués par une rampe composée de plusieurs jets de flamme contigus.

Pour allumer, se servir d'une allumette en papier et ne tourner le robinet du gaz que lorsqu'on a présenté la flamme près de la rampe. Cette précaution, sur laquelle nous insistons d'une façon toute spéciale, est absolument indispensable. En procédant à l'inverse, c'est-à-dire, en ouvrant le gaz d'abord, et en présentant ensuite l'allumette enflammée, on provoque une légère explosion, nullement dangereuse, mais au moins inutile.

Ne jamais employer l'allumette ordinaire ; car, elle s'éteint souvent, au moment où on la présente , et, si on n'a pas soin de fermer le robinet, pendant qu'on cherche une autre allumette, le gaz s'accumule dans la rôtissoire et fait ensuite une petite explosion.

CHEMINÉES A RÉFLECTEUR. — Pour les intérieurs de cheminée à réflecteur en cuivre, qui possèdent aussi une rampe, mêmes observations que ci-dessus.

CHEMINÉES CORAIL. — Pour ce genre de cheminées très répandu , on doit présenter l'allumette, à deux travers de doigt, au-dessus de la rampe qui est au pied des coraux en fonte ; puis, tourner le robinet de gaz. Si, malgré cette précaution, on obtient une flamme non pas bleue, mais blanche et enfumant les branches de corail, il faut immédiatement éteindre et recommencer.

CHAUFFE-BAINS. — Pour ces appareils, on doit procéder à l'allumage avec plus de précautions encore ; car, l'explosion, si elle se produisait, tout en n'étant pas dangereuse, serait plus importante que dans la rôtissoire. Aussi, tous les chauffe-bains fournis par la Compagnie portent un avis imprimé indiquant les soins à prendre.

Si l'appareil livré ne portait pas cette étiquette, ou si, par l'usage, elle venait à disparaître, nos abonnés sont instamment priés de nous en demander de nouvelles qui sont toujours à leur disposition dans nos magasins.

Appareils de cuisine. — Quelques mots sur l'emploi des rôtissoires.

Lorsque l'appareil est livré neuf, il donne quelquefois un peu d'odeur à l'allumage. Il suffit, alors, pour la dissiper, de faire marcher l'appareil pendant huit à dix minutes sans rien faire cuire. Bien vérifier que les flammes de la rampe ne touchent pas le plafond du four ; il y aurait production de noir de fumée et mauvais fonctionnement de l'appareil. Dans ce cas, il suffit de tourner légèrement la rampe. Si l'on ne peut le faire soi-même, appeler les employés de la Compagnie qui sont toujours à la disposition des clients pour ces petites réparations.

Il importe de toujours tenir très propres les appareils de cuisine. Ne jamais laisser les trous des brûleurs encrassés par le lait ou la graisse ; avoir soin de les déboucher un à un avec un petit clou, dit : « Pointe de Paris. » On trouvera dans nos magasins des systèmes de réchauds, récemment créés, avec des brûleurs disposés de telle façon qu'ils ne puissent se boucher.

NETTOYAGE

—

Les appareils en fonte ou en tôle doivent être frottés de temps en temps avec de la mine de plomb délayée dans de la bière ou du lait ; laisser sécher et frotter avec une brosse à reluire. Les appareils ont, alors, un aspect flatteur et ne déparent pas une cuisine bien tenue.

Les cuivres seront frottés, d'abord, avec de la terre pourrie et de l'huile ; on obtient ainsi des surfaces parfaitement propres, mais non brillantes. Pour obtenir un beau brillant, essuyer et frotter avec de la terre pourrie sèche. Cette terre pourrie se vend à très bon compte chez les droguistes.

Nous signalons aussi une pâte spéciale qui donne un résultat remarquable comme poli et surtout comme durée. Les pièces polies avec cette pâte restent brillantes pendant dix à douze jours. Ne jamais se servir d'eau de cuivre.

RÉCLAMATIONS

Lorsqu'un abonné a à se plaindre, ou croit devoir se plaindre de son éclairage, il est instamment prié d'adresser sa réclamation à la Compagnie *sans délai aucun* : recommandation essentielle ; car, il arrive souvent que des abonnés souffrent d'une irrégularité qui dure depuis quinze jours et plus, et attendent ce délai pour la signaler, alors qu'il suffit d'envoyer sur carte ouverte un simple avis à la Cie. Cette carte peut être adressée à n'importe quel poste de la Cie et à n'importe quelle heure du jour et de la nuit. Comme elle est à découvert, le premier employé qui la reçoit, part immédiatement pour donner satisfaction. On peut encore la remettre au premier allumeur qui passe et qui, en rentrant au poste, la remet à qui de droit. Le jour même, s'il n'a pas été fait droit à une réclamation, ou, dès le lendemain au plus tard, on est instamment prié de le signaler. Il est bien entendu que tous les employés de la Compagnie sont gratuitement à la disposition des abonnés pour les aider de leurs conseils et de leurs services.

EXPÉRIENCES DE CUISINE AU GAZ (¹)

POT AU FEU

C'est dans cette opération culinaire, qui est la base de tous les potages et de la plupart des sauces, que l'emploi du gaz a une supériorité incontestée. Il faut, pour le pot au feu, une température basse, mais égale ; et cela pendant plusieurs heures.

Le réchaud à double couronne est tout indiqué.

On fait bouillir à plein feu pendant une demi-heure ; puis, on éteint la flamme extérieure et la cuisson s'achève d'elle-même avec la flamme centrale maintenue abaissée.

La ménagère peut sortir et vaquer aux autres occupations de la maison.

	Bœuf........	K.	0,950
	Jambon, veau	»	0,700
Pot au feu composé de	Légumes....	»	0,350
	Eau 2 lit. 3/4	»	2,750
	Ensemble..	K.	4,750

(¹) Des expériences publiques de cuisine au Gaz sont faites chaque jour dans les magasins d'Exposition, rue de Rome, 58; rue Pavillon, 35. Les clients y trouveront tous les renseignements désirables sur les appareils de cuisine et sur la manière d'en faire usage.

DURÉE	CONSOMMATION de GAZ	DÉPENSE (le m. c. à 33 c.)
4 h.	405 litres.	13 cent. 3

Le même, au charbon de bois (sans compter les menus frais pour l'allumage).

DURÉE	CONSOMMATION de CHARBON	DÉPENSE (le kil. à 13 cent.)
4 h. 45 m.	1 K. 11	14 cent. 4

Le gaz permet donc de réaliser une économie d'argent à laquelle il faut ajouter l'économie du temps de la ménagère.

La durée de l'opération peut même être réduite à trois heures avec la petite marmite à fermeture hermétique (marmite de Papin). L'ébullition s'y fait sous pression et donne un bouillon plus concentré.

BŒUF EN DAUBE
(Fourneau à deux feux)

Bœuf.................... K.   1.000
Petit salé, etc......... »   0.100
Vin 1/2 litre.......... »   0.500
Légumes divers........ »   —.—

DURÉE	CONSOMMATION de GAZ	DÉPENSE
3 h. 50 m.	310 litres.	10 cent. 23

PIEDS ET PAQUETS

Pieds et Paquets........ K. 1.700
Petit salé.............. » 0.150
Tomates, persil, ail, etc... » —.—

DURÉE	CONSOMMATION de GAZ	DÉPENSE
8 h. (petit feu)	340 litres.	11 cent.

POULET ROTI

Poids avant cuisson .... K. 1.020
» après » .... » 0.865

DURÉE	CONSOMMATION de GAZ	DÉPENSE
40 m.	475 litres	16 cent.

LE MÊME AU CHARBON DE BOIS
(sans compter les menus frais de l'allumage)

DURÉE	CONSOMMATION de CHARBON	DÉPENSE
1 h. 10 m.	1 k. 3	17 cent.

GIGOT DE MOUTON AVEC POMMES DE TERRE

Rôtissoire automatique avec four chauffé par la flamme de la rôtissoire.

Poids du gigot avant cuisson. K. 2.025
»   »   après   » . » 1.820
Pommes de terre . . . . » 1. —

DURÉE	CONSOMMATION de GAZ	DÉPENSE
50 m.	600 litres.	19 cent. 8

L'excédant de chaleur a été utilisé pour porter un litre d'eau de 14° à 75°.

GIGOT ROTI

Rôtissoire automatique avec four, contenant un gâteau mousseline pour 8 personnes.

Poids du gigot avant cuisson. K. 2.050
»   »   après   » . » 1.875

DURÉE	CONSOMMATION de GAZ	DÉPENSE
55 m.	650 litres.	21 cent. 4

DEMI-DOUZAINE DE GRIVES

Poids avant cuisson .... K.   0.375
  »   après   »   ....   »   0.305

DURÉE	CONSOMMATION de GAZ	DÉPENSE
20 m.	275 litres.	9 cent.

Eau chauffée en même temps ; 1 litre de 15° à 70°

BROCHETTE DE 12 PETITS OISEAUX

Poids avant cuisson .... K.   0.560
  »   après   »   ....   »   0.402

DURÉE	CONSOMMATION de GAZ	DÉPENSE
12 m.	100 litres.	3 cent. 3

GRILLADE DE 3 COTELETTES DE MOUTON

DURÉE	CONSOMMATION de GAZ	DÉPENSE
10 m.	80 litres.	2 cent. 6

GRILLADE DE 500 gr. DE BIFTECK

DURÉE	CONSOMMATION de GAZ	DÉPENSE
12 m.	85 litres.	2 cent. 8

GRILLADE DE 500 gr. DE POISSONS

DURÉE	CONSOMMATION de GAZ	DÉPENSE
18 m.	190 litres.	6 cent. 2

CIVET DE LIÈVRE

DURÉE	CONSOMMATION de GAZ	DÉPENSE
»» h.	320 litres.	11 cent.

MACARONI A L'ITALIENNE

Macaroni .... K. 0.500
Fromage et divers...... » 0.250

DURÉE	CONSOMMATION de GAZ	DÉPENSE
1 h. 22 m.	215 litres.	7 cent. 09

BOUILLABAISSE (pour 4 personnes)

Merlan, rascasse, langouste, etc.. K. 1.500
Divers .... » 0.200

DURÉE	CONSOMMATION de GAZ	DÉPENSE
30 m.	310 litres.	10 cent. 2

GRILLOIR A CAFÉ (Kil. 1)

L'emploi du Gaz est à recommander tout spécialement pour le grillage du café dans les appareils perfectionnés exposés par la Cie.

DURÉE	CONSOMMATION de GAZ	DÉPENSE
5 m.	72 litres	2 cent. 37

Ces diverses expériences, prises parmi celles qui sont faites, chaque jour, devant le public dans nos magasins, montrent de la manière la plus concluante le grand avantage de la cuisine au gaz, au point de vue de la rapidité des opérations, et les économies de temps et d'argent qui en résultent.

Marseille. — Barlatier et Barthelet.

Installations Économiques

D'ÉCLAIRAGE, CHAUFFAGE & CUISINE

AU GAZ

FORCE MOTRICE & VENTILATION

BUREAUX

où l'on peut s'adresser pour Abonnements, Renseignements et Réclamations :

Bureaux de l'Exploitation, Rue Montgrand, 39.
Magasin d'Exposition, Rue de Rome, 58.
Magasin d'Exposition, Rue Pavillon, 35.
Poste des Allumeurs, Boulevard de Rome, 1.
Poste des Allumeurs, Rue des Templiers, 31.
Poste des Allumeurs, Cours du Chapitre, 38.
Poste de Surveillant, route Nationale, Saint-Louis.
Poste de Surveillant, Grand'Rue, 72, à Mazargues.
Ancienne Usine à Gaz Marseillaise, sur la 1re ligne du Prado.
Usine à Gaz, aux Crottes.

ÉCLAIRAGE ÉLECTRIQUE

PAR ARC VOLTAÏQUE ET INCANDESCENCE

S'ADRESSER AUX BUREAUX DE L'EXPLOITATION

39, Rue Montgrand

ET A L'USINE CENTRALE D'ÉLECTRICITÉ DE LA Cie DU GAZ

33, Rue Pavillon, 33